SALTO DE FE

Un jurado compuesto por

Enrique García-Máiquez, Aurora Luque,
Julio Martínez Mesanza, Eloy Sánchez Rosillo,
Carmelo Guillén Acosta y *Amalia Bautista*

concedió a este libro
un ACCÉSIT del PREMIO ADONÁIS 2024

MARCOS NOGALES

SALTO DE FE

ADONÁIS

698
EDICIONES RIALP
Madrid

Anzos, S. L. - Fuenlabrada (Madrid)

A mi familia.
A mis amigos.

A Álvaro, por animarme a dar este salto.
A Felipe, Pablo y La Madrileña, por la compañía.

A Rocío, por la alegría de crecer juntos,
permite que me quede en este instante.

*Me senté a esperar respuestas
como si mi corazón hubiera formulado
una inmensa pregunta.*

ANA MERINO

*la historia es la misma de siempre:
o demasiados sentimientos o no los suficientes.*

ÓSCAR GARCÍA SIERRA

I

EL POEMITA

AÑOS de lectura y estudio,
de estar atento a lo que pasa,
nociones básicas de literatura,
horas y días pensando en el verso
que encaje sin ser demasiado exacto.

Un largo camino que, al cabo,
culmina cuando leo para ti
mientras me miras y sentencias:
—*No está mal el poemita.*

El poemita. Con retintín. No me enfada.
En realidad, te entiendo. Te perdono.

Como ya hizo Moisés con su pueblo
después de los milagros y la libertad,
por tardar un poco en hablar con Dios.
Atiende: en hablar con Dios.

Dicen que se los encontró adorando
a un becerro de oro, aunque yo qué sé,
tampoco estaban mal *los mandamientitos*.

LOS LIBROS GEMELOS

UNA vajilla, un sofá, un escritorio.
Nuestro hogar, como el de tantos,
rebosa bienes gananciales.
Todo es uno y trino:
mío y tuyo, pero también de los dos.

Nada llama la atención, salvo los libros.
Como en una colección de cromos,
varios se repiten: dos Ben Clark,
algunos de Bautista, un par de Botas
y de Gatell que conseguimos en Moyano…

Al descubrirlo, siempre hay risas:
—*Qué os pasa, ¿por qué a pares*?

Para nosotros es normal,
si se acaba el amor —ojalá nunca—
sobrevivirá en estas lecturas,
que fueron de los dos,
pero siempre serán de cada uno.

ONDISONANTE

I

DONDE las olas llegan a su meta
frente a la ventana al Atlántico,
juegas inocente a construir un castillo
que no sobrevivirá a esta noche.

Reclamas algo para decorarlo
y las conchas surgen impacientes
de entre el olvido de la arena.

Corro a por ellas, lleno mis bolsillos,
desbordo tus manos, ornamentas con cuidado.

Ríes frente al castillo —simple, inexacto—
que nos retrotrae a la infancia
donde sólo volvemos al estar juntos
con gestos que nos delatan
cada vez más adultos entre adultos,
cada vez más niños entre nosotros.

II

Habrán pasado meses, tal vez años,
cuando vuelva a recorrer esta playa.

No hallaré recuerdo del castillo
y esas conchas serán la nueva arena,
pero la marea seguirá repicando
el eco de aquella risa que no olvida.

La banda sonora de las vacaciones,
cuando todos son felices y es por ti.
La primera carcajada de los niños
que aprenden a reír al imitarte.

LO DE CANÁ

ES en esta cena, un lunes frío
al ralentí por la agenda laboral,
donde se hace efectivo el amor,
que no vale *cuánto* sino *cómo*:

una conversación trivial,
el alimento justo, sin alarde,
cuando la compañía –y no el vino–
llena la sala de suspiros.

Observad a los novios, me digo, *mirad
que no requieren de tinajas nuevas.
No es necesario transformar el agua:
será este amor quien nos embriague.*

PEDID Y SE OS DARÁ

...porque todo el que pide recibe,
quien busca encuentra y al que llama se le abre.

MATEO 7, 8.

LOS teléfonos de mis padres,
las direcciones donde he vivido,
algunas fechas señaladas,
nuestras canciones favoritas.

Poco más sobrevive al olvido:
Mateo siete, del siete al doce
y un puñado de promesas
que resisten al embate del tiempo.

Si la memoria obedece al corazón
y no a la mente, ¿cómo podré querer
cuando acabe el deseo? Ese extraño anhelo
que lucha para que el amor sea amor

y no un recuerdo.

AMANEZCAMOS ENTRE LAS VIÑAS

Me encontraron los centinelas
que hacen la ronda por la ciudad
–¿Habéis visto al amor de mi alma?

CANTAR DE LOS CANTARES

NOS inventamos, sin pretenderlo,
un nuevo modo de querer:
ser lugar, no compañía o tiempo.

Es en este amor, en sus anhelos,
donde corre el aire más fresco
y el sol irradia más, pero no quema.

Un campo grande lleno de juegos
donde bailar sin música, correr
sin fatiga, llorar sin pena, hablar
sin vergüenza, envejecer sin miedo,
trepar palmeras —que no tienen fin—
y descender colmados de manzanas.

Nos sobrevivirá este parque inmenso
en el que nuestros hijos jugarán libres
a prender fuego y levantar murallas.

DISCUSIÓN DE PAREJA

ESTAMOS de vacaciones
y somos felices, de veras.

A la manera del Génesis:
la perfección existe, lo sé,
lo estoy viviendo y es real,
pero no me lo quiero creer.

¿Cuándo acaba el deseo?
¿Dónde empieza la ambición?

UNA EXTRAÑA PESADILLA

EXHAUSTO y con ganas de llorar,
me despierta fulminante
una extraña pesadilla
en la que me veo desde el techo:

duermo solo y todo está en paz,
nada sucede. Parece un buen sueño.
Lo que me aterra
es lo más simple:

la posibilidad de estar dormido
y que tú no estés conmigo.
La posibilidad de seguir estando
aun cuando tú me faltes.

II

EXPECTATIVAS

Los niños todavía saben que hay un vínculo
entre las letras, el juego y el milagro.

JUAN MAYORGA

TUVE la *suerte* de criarme en un hogar
donde las motas de polvo
dormían sobre los libros

para ahora, en esta niñez tardía,
co
        rre
te
        ar
por el patio de los poemas
de manera virgen, aunque extraña:
sin tiempo para promesas, busco explicaciones.

ACOTACIONES

EL instante en que Sísifo se encontraba
a tan solo un peldaño de la cima
por segunda,
　　tercera,
　　cuarta,
　　quinta,
　　sexta vez
comprobando que el castigo era cierto.

El ruego de Jesús en los Olivos
—*Padre, si quieres, aparta de mí este cáliz;*
pero que no se haga mi voluntad, sino la tuya—
justo antes de comenzar la Pasión.

Este mirar el móvil compulsivamente
este mirar el móvil
este mirar
esperando que respondas a mi felicitación
del primer domingo de mayo,
que me insiste en tu ausencia irreversible
y me mece en la tristeza de no poder llorar
porque no estarás, madre, para consolarme.

Momentos inabarcables, pero exactos,
que rescatan un *quizás* en lo imposible.
Acotaciones de la esperanza en la historia
que exigen una eternidad *(aunque no esta)*.

PENSABA de niño que era un castigo
coger de la mano a mi madre,
para acabar descubriendo de adulto
que la pena sería soltarla.

VOLVER

ECHANDO la vista atrás, es admirable
que el hijo pródigo no reincidiese
cuando a su edad, estamos todos
peleando por ser quien más aguante
en el trabajo, contra la ansiedad
en el mercado, contra los precios
y en la derrota, contra la vergüenza.

Una juventud condenada
a tener lista la maleta,
en el continuo volver   para volver a irse
de casa de unos padres
que no se cansan de esperar.

La afilada inocencia de su amor
son disparos que no se escuchan,
pero desgarran la voz al admitir
no sé cuánto tiempo me quedaré esta vez.

EN NOCHES COMO ESTA

TENGO fe, pero en noches como esta
—en las que no puedo dormir y todo
se hace eterno, tedioso y apetecible—
me asaltan preguntas sin solución.

Si existes, por qué el dolor.
Si existes, por qué la enfermedad.
Si existes, por qué el sufrimiento.
Por qué un día me faltarán mis padres
o yo a ellos.

Escucha mis dudas y respóndeme, Señor:
¿por qué la fruta engorda?

Me atormento sin respuesta
mientras termino unas uvas
y te escribo esta carta,
que ahora es oración.

PREGUNTAS INCÓMODAS

A Luis Ruiz del Árbol

MI hijo dibuja un árbol de cuadraditos.
Manuscribe su nombre en lo más bajo,
le superan los nuestros y los de sus abuelos.
Me pregunta: *¿cómo se llamaba*
la madre de la abuela? ¿Y del abuelo?

Dibuja un par de huecos más:
¿y sus abuelos?

Descuelgo el teléfono, llamo a mamá:
Julia y Alfredo; Ángel y Amparo,
los de tu padre te los escribo luego.

Antes de colgar, mi hijo insiste
mientras traza nuevos espacios
de historia compartida:
¿y los padres de ellos, cómo eran?

Mi madre piensa y calla.   Repito la pregunta.
Pide perdón por el olvido.   Colgamos.

El árbol, sin terminar, ya está acabado
por raíces que olvidaron sus ramas
y veo ante mis ojos mi futuro más lejano:
estoy condenado a convertirme
en un rectángulo lleno de silencio.

HERENCIA

A Juan Nogales Navarro, in memoriam

UN puñado de fotos, su vajilla,
un reloj y un rosario de gestos
que prorrogan su vida en la mía.

De todo lo que me pertenece
desde que fallecieron mis abuelos
sólo cuento como herencia tres preguntas:

por qué escribieron *DOLOR*
en su última caja de pastillas,
quiénes fueron los padres de mi abuelo
y por qué murió sin tener una respuesta.

III

DESDE mi ventana se ve otra ventana,
no un árbol, no el cielo o el mar,
otra ventana a la que alguien se asoma
y también mira esperando algo más.

MEMORIA

EN el primer piso de mi bloque,
una anciana plantó unas flores.
De aquello, ahora, sólo quedan
unas hojas secas y este poema.

HAHAHA (JAJAJA)

MIRADAS serias y temas aburridos,
en otra reunión que tiende al infinito.

«Si hace falta, *full time* con esto,
decidle a Carmen que lo revise *ASAP*,
convocad una *call* para el domingo
y os doy mi *feedback*, ¿vale?».

Mientras recibo estas precarias
pero eficientes clases de inglés,
siento que nos ha comido el personaje.

Imagino a Lázaro resucitado
irrumpiendo en esta sala de juntas
cubierto de vendas y desconcierto,
confundido entre *KPIs*,
PowerPoints y charlas sobre *deadlines*
–además, fijo que alguien le pide un *selfie*–.

No puedo evitar una leve sonrisa
que atrae las miradas de mis jefes,
una aparente impertinencia.

Es sólo un gesto, sin maldad,
pero quedó muy *out of context*.

RESPUESTA AUTOMÁTICA

LO has visto, ¿verdad que sí?
la tecnología no se equivoca
cuando recibes una respuesta
inmediata y sin margen de duda:

Estaré fuera de la oficina
hasta dentro de una semana,
contestaré tan pronto vuelva
y, si urge, hablen con [quien sea].

Ahora dime, ¿no fui claro?
o esto es Betania, te llamas Marta
y de ahí tu insistencia y tu prisa
contra mi pausa y mi ausencia

mientras podría no pasar nada
pero está pasando
y es por tu culpa
mi pena.

ENTREGO CON RETRASO
UNA CRÍTICA TEATRAL

A María Serrano

DEJO a un lado el ruido del trabajo
y las prisas de lo que carece de importancia
para volver a aquel silencio inquieto
que sonaba en las pausas del diálogo.

Busco impaciente en mi memoria
el recuerdo de hace unos días:
cómo eran sus voces, cómo sus gestos
y a quién miraban al decir

—*Triste de mí, que no sé poner*
el corazón en mis labios.

Es tarde. Su drama se reúne con el mío
y a ratos soy incapaz de distinguirlos.
Ya no sé qué sabía antes,
ni qué descubrimientos sucedieron allí.

No llego a tiempo, escribo rápido
sobre el escenario *(miro las fotos)*,
sobre interpretación *(leo mis notas)*
y valoro *(con qué criterio)*
lo que todavía vive en mí
para que otro lo lea, vaya a verlo
y no sepa si no entendió la obra
o si debe pedirme que le pague la entrada.

TINTORETTO QUEDA TERCERO EN EL CONCURSO PARA PINTAR EL PARAÍSO Y LO ACABA HACIENDO TRAS LA MUERTE DEL VERONÉS Y EL SUICIDIO DE BASSANO

FRENTE al Veronés y a Bassano,
a Tintoretto le bastó la paciencia,
no ser mejor ni más joven,
tan solo esperar y esperar
la gloria del Palacio Ducal,
retratar el Paraíso para la historia
y tener la frívola posibilidad
de volver la mirada a sus colegas
y ser Dios durante un rato
en un juicio por suceder
y, sin embargo, sucedido.

TARDE DE MUS

Cuántos asombros. Todo rompió a arder
con lumbre limpia y mágica.

ELOY SÁNCHEZ ROSILLO

HA sido una semana devastadora
y aquí estoy, tratando de apurar,
rebuscando en la monotonía
un mínimo halo de esperanza.

Un domingo más que será pasado,
pero no historia, ni lo pretende,
cuando se le cae un rayo al sol
y entra arbitrario por mi ventana,
baña el gotelé, traspasa un vaso
y su reflejo torna a arcoíris.

Un milagro breve, sinuoso.
Un órdago de farol al hastío.

Si existe un Dios, sin duda es este,
que se viene un domingo hasta casa
a darle al mus hasta acabar conmigo.

MIRA SU CRUZ

CUANDO no sepas qué hacer, mira su cruz
en ella están todas las respuestas,
el sufrimiento, el amor
y casi todos los silencios
que tienen algo de sentido.

Me lo decían señalando al Cristo
de la capilla, del salón, del aula,
al del colgante, el de las banderas,
los pósteres, los grabados, las estampas…

Si Dios no está en todas partes,
al menos le suple un crucifijo.

Cómo sobrevivir a tantas cruces,
si Dios sólo se enfrentó a una.

EL CAMINO

Que pase algo. Que tenga sentido estar aquí.

LA VOLUNTAD DE CREER – Pablo Messiez

PORQUE con sus preguntas no logró
una respuesta suficiente,
ni en el amor encontró compañía,
ni en el trabajo, cumplimiento.

Ahora busca en las curvas del puerto
que llegue la paz, al menos un signo.
Con un rosario golpeando al parabrisas
y un pie dormido de tanto presionar,

va rogando con una breve oración
que pase algo, algo que le dé sentido,
mientras se dice, se repite, se cumple:
haced rectas todas las sendas.

OLVIDO

TEMO por estos momentos:
cuando llegue el olvido,
será inevitable la tristeza
de tener sólo la intuición
de una vida tan _____,

aunque lejana.

UN POEMA

UN poema que me sobreviva:
es todo lo que aspiro a escribir.

Los textos se suceden sin pena ni gloria
pero con esperanza, preguntan expectantes:
¿seré yo, Señor?

ÍNDICE

I

II

III

ADONÁIS
COLECCIÓN DE POESÍA

————

Director: CARMELO GUILLÉN ACOSTA

ÚLTIMOS VOLÚMENES PUBLICADOS:

————

Las obras que han obtenido el Premio «Adonáis» aparecen numeradas en negrita.

ESTA PRIMERA EDICIÓN DE
«SALTO DE FE»,
DE MARCOS NOGALES,
VOLUMEN 698 DE LA COLECCIÓN «ADONÁIS»,
PUBLICADA POR EDICIONES RIALP, S.A.,
MANUEL URIBE 13-15, MADRID,
SE ACABÓ DE IMPRIMIR EN LOS TALLERES
DE GRÁFICAS ANZOS, S.L.,
FUENLABRADA (MADRID),
EL DÍA 29 DE ENERO DE 2025.